JN438600

다시올시선 _ 005

꿈꾸는 콩나물

조춘희 시집

다시올시선 _ 005

꿈꾸는 콩나물

조춘희 시집

다시올

自序

시와 함께 하는 삶, 행복하기 위해
호롱불처럼 깨어있길 원합니다.
혹여 왜 시를 쓰느냐고 누가 묻는다면
쓸쓸하지 않기 위해서라고 말하렵니다.
덜컥 겁도 없이 밴 시를 대책 없이 낳아놓고
구실도 못하는 시가 안쓰럽기도 하지만
가장 즐겁게 할 수 있는 것이 시 쓰는 일이고
잊혀진 나를 찾아가는 길도 이 길이기에
틈나는 대로 보살피면서 뚜벅뚜벅 걷습니다.
세상의 모든 사물은 내 친구입니다.

친구들이 전하는 세미한 음성을 들을 수 있는
예민한 귀를 지니고 싶습니다.
詩 같은 낙엽 하나 가을 찬비에 젖는 순간
누군가의 가슴에 작은 불씨이고 싶습니다.

2010년 11월

✠ 차례 ✠

 **꿈꾸는 콩나물** 

⚜ 자서 ⚜

1부 기름집 딸

2부 바다의 등이 푸르다

✜ 차례 ✜

 꿈꾸는 콩나물 

3부 떠오르다

4부 절대고독

⚜ 작품해설 ⚜

1부

기름집 딸

목련꽃

밤새
어디선가 몰려온 하얀 새떼

한들한들 가지 끝에 앉아
101동 201호 집 거실을 들여다보네

바람만 불면
일제히 날아오를 하얀 꽃새들

봄볕에
하롱하롱 졸고있네

틀니

안방 화장실 변기 위에 잠깐
정신 빼 놓은 어머니
환한 웃음이 컵 속에서 출렁인다
온전히 갇힌 후에야
한껏 부풀어 오르는 당신
슬픔도 묵히면 날개를 달 듯
숨었던 울음 앙상하게 떠오르고
가지 많은 나무 바람 잘 날 없어
어느 곳도 뿌리 내리지 못한
어머니 덜컥거리는 불안을 물고
마흔 넷에 닫힌 문 밖 서성일 때면
기댈 어깨를 내어주시던 아버지
의지하던 남편을 보내고 거친 생을
오물오물 틀니로 사셨다
모처럼 들르신 딸네 안방에서
어머니 폭신하게 잠드셨다
꿈속에서 환한 어머니
아마도 지금 아버지를 만나고 계신 듯
몽땅 빠진 이가 부끄러운지
손으로 자꾸 입을 가리신다

꿈꾸는 콩나물

졸졸졸
말이 샌다
도저히 참을 수 없는
저 터진 입들

새처럼 날고 싶어요
변신을 막지마세요
검은 보를 치우세요
겨드랑이에 숨겨진
푸른 날개를 알아요

허방을 딛는 발가락을 보세요
어둠에 부르터진 입으로
전 노래를 부를 거예요
입안 가득 음표들이 흘러넘친다

왜 빛에 닿을 수 없는 거죠?
??????????????????????
수많은 물음표가 솟는다

콩에서 콩나물로 가는 긴 터널
지금 짧은 한 생이
뜨거운 노래가 되어 어둠을 지나간다

장미를 검색하다

카페 통합 검색란엔 귀 깜깜한 할머니가 앉아 있다

“장미”에 관한 정보를 부르면 귀가 어정쩡한 할머니 금세

노란 장미 흑장미 백장미, 있는 대로 다 내다거신다

아니예요 할머니 그게 아니라니깐요.

뭐라구? 안들려. 알아듣게 말허란 말여

빨 · 간 · 장 · 미 · 사 · 진 · 이 · 필 · 요 · 해 · 요.

“빨간장미 사진”이라고 다시 친다

할머니 감잡았다는 듯

벽마다 빨간 장미로 도배를 하신다

신바람 난 할머니

이제 되았냐

만두를 빚으며

선달그믐이 가까워 오면
동네 떡방앗집 아저씨

언성이 한 옥타브 높아진다
나란히 줄 세워 놓은 쌀 바구니가
아침밥 먹고 나오면 저만치 밀려있다
얌체 같은 사람들로
뒤로 밀리는 떡쌀 바구니
사는 일
할 말 다 못하고 사는 세상
그만 입 다물고 말았다

떡국에 넣을 만두를 빚으며
속이 터질까 꾹꾹 입을 봉했다
사골 국물에 만두 몇 개 띄어
동네방네 어른들께 떡국을 다 퍼 돌리면
큰솥은 바닥이 나고
남는 건 속 터진 만두 국물

입이 터진 만두
속을 줄줄 흘렸다

나도 속 터진 만두처럼 할 말이 많았다
사는 게 다 그런 거라고
터진 입 슬쩍 돌아앉아 살아가니 그렇지
가끔 화끈대는 속 우당탕 찢고 나와
하고 싶은 말 많았다

기름집 딸

깨를 갈아 베보자기에 싸서
네모난 확에 눌러 놓고
기름받이 됫병을 그 아래 놓아요
기름틀 중간쯤 뚫린 구멍에 쇳대를 질러
허기진 배 짓누르며 맴을 돌아요
네 명 죽고 일곱 명 남은 새끼들
조랑조랑 쇳대에 매달린 듯
땀 뻘뻘 숨이 차도
쥐오줌 만큼 기름이 나오기 시작하면
울 아부지 얼굴에 미소 번져요
허리 비틀리도록 돌고 나면
늑골에서 나온 누런 기름이
한 되들이 병 가득 차오르고
해종일 돌았어도 몫은 딱딱한 깻묵
고소한 냄새도 기름도 몽땅 담아가고
노임으로 남기고 간, 깻묵덩어리
썩혀 거름이나 될
그걸 먹고 자란 딸
아부지
돌아보면 총알택시처럼 지나간 세월이에요
몸을 짜서 닦아 놓은 당신 길 따라
기름집 딸, 거친 세상도 매끄럽게 건너왔네요

大魚를 낚다

벌써 사흘
낚싯대 드리우고 찌만 보며 앉아 있다
뽀르륵, 꾸룩, 신호만 보내올 뿐
물 좋다는 중앙약국집 떡밥으로 갈아 끼워도
입질 한번 없다

잔챙이 한 마리라도 물기만 해라
기도만큼 간절하다

잠시 움찔

수상쩍다
大魚라도 잡힌 것인가
살살 당겨 본다
손맛이 묵직하다

엉덩이 짓무르도록 기다려 본 사람은 안다
이 너른 바다에서 大魚 하나 낚는 쾌감!

온다
바다가 기별을 보내온다

大魚가 살던 자리, 길이 뻥 뚫렸다

등 푸른 청소기

분분했던 시간 지나 무료해 질 때 맘 길 트고 지낸 책장에 기대어 까무룩 졸고 있는 등 푸른 내시경, 호스인 듯 구불구불 휘돌아 나간 통로

슬쩍 다가앉아 들여다보니
닳아빠진 잇몸위로
말갛게 드러난 실핏줄
엎드려 숨차게 빨아들일 때마다
물감처럼 번져왔을 저 핏물

먼지, 머리카락
실타래처럼 엉키면 주저앉았다
싹둑 잘라버리고
도망치고 싶었던 적 얼마였던가

끈적한 손아귀에서도
그 순연한 빛
중심에서 반짝이는
스테인리스 손잡이처럼
꿋꿋이 또 하루를 밀고 가는
등 푸른 청소기

우렁이

착하게 웃는 얼굴위로
향내 자욱하다
아직 생생한 목소리

이제 손이 닿지않는다

거두다 만 아들 하나 딸 셋
다섯 식구가 다 빼먹은 우렁이 껍질
측은하다고 땅을 치는 우렁각시
빈집 다녀간, 배달부 손에 들려온
건강 진단서

예견 된 후회는 한발 늦는 법,

한치 앞도 모르고
뻘밭을 기어가다
빈 껍질 지고 떠난 사내
알맹이를 파먹고 자란
저 어린것들이 운다

詩밥을 지으며 살고 싶다

할 수만 있다면
구름도 걸터앉아 쉬어 가는 곳
탄금대 산자락 어디쯤
옹달샘에 빠진 보름달을 건져
밥을 지으며 살고 싶다
속이 부대끼는 날
한 움큼 쑥 뜯어
된장 걸러 붓고 버려진 토막 언어
한소끔 끓이면
구뚜름한 국이 되리 쑥국새 통통 살 오르면
초롱초롱 詩를 낳아
밤별들의 이야기 받아 적고
뒤란을 거니는
바람의 수다도 받아 적어
햇살처럼 토실한, 영양 만점 고봉밥
한 주걱 퍼 돌리면 마음에 살이 찌는

나 어느 날
詩로 밥을 지어

우울한 섬

저 늙은 여자
칙칙한 음부를 곁눈질 한다
때 미는 건 뒷전이고 연신
물만 끼얹는 여자
돌아앉은 등이 활처럼 구부러졌다
절벽에 매달린 젖은
소금밭 같은 갈증이 일고
첫아이 입을 기억하는지
젖꼭지 까맣게 말라붙었다
기우뚱한 몸에 물 끼얹을 때마다
흰 머리칼 자욱하다
한때는, 활화산처럼 타오르던
생의 오르가즘, 어둠속에서
자궁은 희망처럼 부풀어
젖을 빨리고 꿈을 키웠을 것이다
한생의 조각 떨어져 나가면
또 다른 삶이 싹 트던 곳
그 어떤 물도 흐르지 않는
메마른 섬이다

삭힌 고추

캄캄한 항아리에 갇혀 살다
도마 위에 드러난 속살
몇 개 꼭지 떼고 짓이겨 봐도
들큰한 물만 내 비칠 뿐
독기 어린 눈이 고요해졌다
하찮은 일에도 예민했고
상처받기 일쑤
눈물 마를 날 없었다
휘장처럼 둘러진 항아리 속 어둠에
눈, 코, 입 틀어막고
펄펄 뛰던 성깔
돌덩이 하나 가슴에 얹어 지그시
분 삭혀낸 고추
꽃그늘 속
삐꾸기 환하게 울었다

불타는 숯불구이

날 저물면
도둑고양이 어슬렁거리는 골목
선팅한 유리창에 달빛이 넘어지면
담벼락에 기댄 택시 하나
줄담배를 피우다가
불빛 흔들리는 홀 안으로

빨려 들어가네
팔 벌리고 달려드는 불여우 두 마리
가운데 앉혀놓고 홀딱 홀딱
재주를 넘네
불타는 고기 한 점 후후 불어
입에 넣어주고 까맣게 탄 가슴에 연신
양주를 들이붓네
석쇠위에 올려진 사내

지글지글 살점이 타네

컹컹컹
밤새 여우 울음이 새어 나오네

단비

비에 젖은 논둑길
도랑물소리도 신이 났다
새참 들고 가는 길
활처럼 휜 등 논바닥에 꽂혀있다
늙은 주전자 걸을 때마다 질금거린다
아저씨들 막걸리 한잔에
신바람 나서 일손이 빨라졌다
논둑에 앉아
꿀맛 같은 담배 한대씩 꼬나물고
탁주로 타는 목을 축인다
거북이등처럼 갈라진 논바닥으로 단비는 내리고
누군가 옆집 논에 슬쩍 물꼬를 터주었다
배고픈 새끼 입에 밥 들어가듯
어느새 빗물은 몸 섞어 논으로 흘러든다
물꼬 터준 이가 누구인지 묻지 않아도 다 안다
박꽃 같은 웃음 논바닥 가득 엎질러지면
어느새 한가족
새참으로 말아온 국수장국
한 양푼씩 말아 돌리면 "고수레"
들썩해진 논바닥이 먼저 식사를 한다

이발소의 아침

이른 아침 문을 밀치고 들어서면
벽에 걸린 새끼 돼지들
허기진 어미젖을 빨고 있네

바닥 걸레 문지방 넘나들 때
언덕배기 약현 천주교 기도문 외는 소리
뭉클하게 들려오면
도매시장 배추 실으러 가는 트럭
엔진소리 싱싱하고
귀성객들 빠져나간 한산한 거리

젖은 주황색 등이 거리를 쓸고 있네
추석 대목 놓칠세라
예약되지 않은 손님 기다리는 초조한 눈빛

활처럼 등이 휜 사내. 한숨처럼 쌓인
담배꽁초를 비우네

포도

보랏빛 꼭지점 향해
굽이굽이 시고 떫은 생을 건너
치닫다보면 거기

먼 훗날
고욤나무 아래서나 만날 듯한
물길이 있다 알알이
달큰한 문장만 골라
또박또박 받아 적고

별이 잠든 씨알

멀리 뱉어내면, 퉁겨나간 자리마다
하늘 한 모금 흘러간다

바람, 구름 쉬어간 자리
한 알 따서 입에 넣는다

우울한 송편

보름달 같던 선옥씨 얼굴이
반쯤 일그러졌다

마흔 되던 해 거푸집 같던 남편
폐암으로 떠나보내고
기둥 없는 집 가장이 되었다

큰아들 등록금 딸 레슨비
막내 먹이고 입히랴 손 마를 날 없다

젖은 날 속에
그리움 둥실 배가 불러와도
소리쳐 보지 못한 세월
송편을 빚다 말고 서둘러 찐다
한숨 푹 쉬고 난 뒤 젓가락으로 찔러보니
생채기 덧나듯 떡이 묻어난다

미운 사람 생각이 자꾸 묻어난다

낡은 선풍기

염하듯 꽁꽁 묶여
다락방 구석에 처박힌 선풍기
한풀 꺾인 고개가 무겁다

열대야 펄펄 끓는
도시의 밤
먼지를 털고 다락에서 내려와

더위에 지쳐
삐걱 삐걱
밤새 신음을 토해낸다

바람을 등에 업고
씽씽 초원을 날고 싶어

날개를 퍼덕여도
날지 못하는 저 낡은 선풍기

간장독을 부시다

묵을수록 복되다는 말씀
주기도문처럼 외시던 어머니
나이만 퍼먹고 제 손으로
간장도 못 담는, 철지난 딸이 안타까워
몇 년 전 담가주신 간장을
손톱 초승달 빠지듯
야금야금 먹다가 드디어 바닥이 났다
얼굴 비춰보던 하늘도
소문 없이 떠나고
냄새 맡고 날아들던 왕파리도 사라졌다
맹물만 목까지 퍼담았다가
달포쯤 우려내고 비웠다
간장 담아줄 힘이 바닥난,
팔십 평생
애물단지 장 달여 주시던 어머니
물구나무서듯 몸뚱이 하나
들어갈 만한 항아리
얼굴 깊숙이 처박고
팔이 아프도록 부셨다
몇 달을 우렸어도 속 끓이던 어머니 냄새
울컥, 눈물로 빈 독을 채웠다

바다의 등이 푸르다

갯벌

허리춤에 "밀물과 썰물" 띠 두른
새벽 바다가 시동을 건다
파도 갈기를 수건처럼 둘러쓰고
일당 만 오천 원에 팔려 가는
파트타임 아줌마들

조갯살처럼 엉겨 붙는 아이 떼어놓고
갯벌에 던져지면
허리 굽혀 일당을 건져 올린다

사는 일 늘 진창을 헤매는 일

호미처럼 굽은 아줌마들
뙤약볕 아래 깜빡 깜빡
아이 얼굴 떠오르면
호미질은 더욱 빨라진다

짜디짠 바람에 바다의 가슴팍이 드러나고
긴긴 해가 기울면
용역회사 5톤 트럭에 실려 가는 웃음소리
깃발처럼 펄럭인다

구두수선공

시청 가는 샛길
플라타너스 그늘을 깔고 앉아
기름때 절은 앞치마를 두른 수선공
신발들이 걸어온 길을
골똘히 들여다보며 맥을 짚는다
돌부리에 채인 것
늘어난 체중에 뭉크러진 뒷굽
옆구리가 터진 것
팽팽하게 잡아당겨 바늘을 꽂는다
잘라진 허리를 잇고 쇠징을 박는다
아이처럼 멈춰버린 키
낮은 구둣방에 앉아있기 편하다고 너스레 떠는
난쟁이 구두수선공
나무 그늘을 흔드는 망치소리에
기울어진 길이 벌떡 일어선다

멀고 먼 항해

뭉텅 잘려나간 하반신에
고무 지느러미를 달고
울퉁불퉁 바닥을 헤엄치는 사내
저 검은 꼬리 속에도
완고한 뼈가 자리하고 있었을 터
뼈가 없는 생선처럼
지느러미 흐느적
땅의 열기를 끌어안고 있다
신호등 급하게 바뀔 때마다
발소리만 부려놓고 갈 뿐
누구하나 거들떠보지 않는다
해종일 삭막한 도시의 바다를 건너다
쩔렁, 눈 번쩍 뜨이는 등댓불
가녀린 소녀가 던져주는 동전 한 닢
그제야 움찔, 무거운 배가 움직인다
먼 바다를 향해 닻을 올린다

벽에 걸린 블라우스

지친 몸을 벗고
축 처진 모습으로 잠이 들었다
반듯이 걸어 뒀는데
한쪽으로 기울었다

목을 죄는 단추를 풀고
나를 벗어나고 싶었던 적
몇 번이나 있었을까

내 몸을 기억하는
팔꿈치가 튀어나온 블라우스

옷걸이에 걸려
무슨 꿈을 꾸고 있을까

나지막이 코를 고는 블라우스
곤한 잠에 빠졌다

새를 날려 보내다

추석 두레상에 모여 앉은
알밤 같은 새끼들
숟가락 소리, 웃음소리

아들의 구수한 입담에 늙은 아비
입이 벌어진다
배곯던 시절 저녁연기 같은
이 행복의 진원지는 어디였을까

둥지에서 어미를 찾던 어린 새끼들
모두 날개가 돋았다
하룻밤 더 묵고 간다던 놈
밥술은 뜨는 둥 마는 둥
하루 늦게 출발하면 길이 막힐 것 같다고
서둘러 일어선다

참기름 실어주고 된장 항아리 챙겨보내고
현관문 밀치고 들어서는 늙은 사내
저절로 한숨이다

날개 달린 새들은
두고 가는 고향 하늘을 금세 잊는다

채반 가득 수북한 부침개, 송편
꾸둑꾸둑 말라간다

장롱 서랍엔 무덤이 가득하다

한때 콧대보다 높았던 것들
빈약한 가슴의 콤플렉스를
이스트 넣은 빵처럼 부풀리고 거리를 활보했었다
가끔은 에로틱한 기분에
문지방 건너 잠든 사내에게
치근대고 싶었던 날들

내 젊은 시절이 고스란히 담긴
봉긋한 두 개의 무덤을 감싸안은

낡은 레이스,
그 중심을 만져보면 몽실한 촉감

탱탱한 화이트 다방, 미스 김처럼
그 누군가를 홀릴
탄력조차 잃은 내 슬픈 봉분
이제는 볼품없는
하릴없이 낡아버린
저 빈 젖무덤들

파도 · 1

일어서야 해
한 번도 열리지 않아
물어뜯고 싶었던
하늘

돌아보면 얼어붙었던 날 모두
굴종이었어
관절이 꺾여도 다시
솟구쳐야 해

초롱초롱 눈 뜨고 섰는
별을 향해
캄캄히 부서지는 거품처럼

어두울수록 하얗게
일어서야 해

파도 · 2

파도에 등물 치는
그루터기 같은 섬들
스적일 때마다 꽃 피어나던
아픈 자리

사는 일 쓸쓸하고 어두울 때
목련처럼 환하게 웃던 얼굴
달려와 덥석 손잡아 줄 땐
봇물로 쏟아지던 설움

내 삶이 닿지 않아
허전한 그곳에서
상처 깊은 이곳까지
목마르고 쓰라린 걸음 걸어
와락 안겨오던 그대여

하루가 천년 같은 기다림 속에서도
한 번도 잠들지 않았던
내 붉은 심장처럼,

안개 자욱한 저기
푸른 동맥 불끈 세워 달려오는
아직 푸른 그대는
찬연한 봄빛

배설

마른 논에 물 스미듯
링거액이 들어간다
비닐주머니 네 개, 혈관마다 흘러들어
탈진한 기력을 일으켜 세운다
들면 나는 게 순리인데
어디가 막혔는지 퉁퉁 붓고
눈도 보이지 않는다
급한 김에 이뇨제를 썼는지
한 시간 간격으로 300cc 씩 쏟아진다
난감한 화장실 출입
질금, 몰래 지려도 용케 풍기는 냄새가 불안해
변기에 맞춰 앉는 훈련을 하고
볼일을 본다
며칠을 버티다 나온 것들이
나오자마자 하얗게
거품을 물고 쓰러지면서
서서히 내 몸에 불을 밝힌다
캄캄했던 몸이 환해진다

봄날

댐 언덕을 곡예하듯 달리는
오토바이 한 대
좁은 길, 클랙슨을 울려도
앞만 보고 달리네
남자 등에 기댄 여인의
환한 얼굴이 봄날이네

눌러 쓴 모자
차양에 매달린 날개 망사가
바람에 날고
덜컹대는 오토바이, 연신
조팝꽃 같은 웃음이 터지네
밀어 같은 오월 훈풍이 부네

딱지

스승의 날
초등학교 5학년 담임선생님을 찾아가다
아파트 계단에서 고꾸라졌다
정강이에 꽃 한 송이 달고, 절뚝절뚝
전화기를 타고 들려오는
어눌한 목소리를 따라가니
엉뚱한 곳이었다
헝클어진 꽃바구니 들고 차에 돌아와 앉았는데
누군가 톡톡 차창을 두드린다
불편한 다리로 늙은 제자를 찾아
계단을 내려오신 선생님
반가워 연신 손짓을 하시는데
무슨 말인지 알아들을 수가 없다
책 한 권에 목말라 울 때
눈물 씻어주시던 선생님
돌아와 몇날 며칠 가슴이 욱신거렸다
무릎에 딱지가 앉느라 못 견디게 가려웠다
자꾸 치매 걸린 선생님이 떠올랐다

바다의 등이 푸르다

등이 하늘빛인 바다
서로 바라보면 닮아간다
불화덕 같던 지난여름
많은 사람들을 불러 들여
한바탕 축제를 벌였다
모닥불도 꺼지고 잔치도 끝나고 바다는 이제
혼자다

착한 바다는
때론 집채만한 몸을 일으켜 달려와도
슬그머니 제 자리로 돌아간다
끝없이 뭍을 향해
바람이 등을 떠밀어도
모래사장에 발목만 담그고 돌아간다
저 품에 얼마나 많은 것을 기르고 있나
물밑을 들여다보면 오지랖이 얼마나 너른지
그 품을 가늠할 수 없다

봄, 봄

동네에서 제일 높은 숫돌봉엔
며칠째 총성이 귀를 짼다
바위틈에 은신하던
진달래, 개나리 발사 준비 끝
게릴라 잠복을 눈치 챈 칡넝쿨
일제히 포복중이다
발포 명령 몇 분 전
갈참나무, 밤나무, 떡갈나무
파들파들 몸을 떤다
동구 밖 냇물 소리
일급기밀을 발설하고
낭떠러지 밑에 버티고 선 함지 연못
투항하는 자는 가차없다
숫돌봉 정상에 붉은 깃발 꽂으러
남쪽에서 진격해오는
봄, 봄, 봄
거리 거리 탄환을 장전 중인 벚꽃 목련
발포 명령을 기다린다

문어

문어를 사러 주문진엘 갔다
비는 내리고
문어를 뒤적이는 물에 불은
아지매 손 불룩한 복어배 같다
검정 비닐봉지 양손에 들고
후루룩 쏟아지는 비를 맞는데
전화가 자꾸 온다
몇 마리 샀느냐고, 얼만한 놈 샀느냐고
애처럼 보채는 그 남자
봄이면 죽었던 땅도 벌떡 일어나는데
요맘때면 몸져눕는 까닭 몰라
여행 보따리 현관에 풀어놓자
물 끓는 소리가 들린다
싱크대에 울컥 쏟아놓으니
입에 거품 물고 휘갈겨 쓰는 마지막 유언
허투루 읽을 수 없다
두 마리에 오만 원짜리
잘 익은 문어
자줏빛으로 변했다
빨판이 달린 발 둥글게 오그라들었다
문어 삶은 솥, 활짝
꽃 한 송이 피었다

춤추는 지렁이

빙판 위 겨울 지렁이 한 마리

멀쩡하게 생긴 아까운 여자가
자살했다는 속보 같은 일
차디찬 얼음 위
죽으려고 작심하지 않고서야
어이 그 길을 나섰을까

힘껏 몸을 오므렸다 펴도
한 뼘 길도 벅차다

꾸물꾸물 기어가다 느닷없이
격렬하게 춤을 춘다

빙판 위에
온몸으로 쓰는 마지막 유언

홀로 죽음과 맞서는 지렁이

사방을 둘러봐도
잡을만한 지푸라기조차 없다

쓰다 만 끊어진 문장
아무도 읽을 수 없다

몸살

무의식을 넘나들며 떨고 있는
생의 부력 같은 이파리
둘러봐도 허허 벌판, 아무도 없다
치솟는 38도 열기에 목만 타들어 갈 뿐
익숙한 바닥에도 몸은 휘청거린다

내 몸 어디에 이런 불길이 있었을까
몸은 냄비처럼 끓어 넘치고
썩은 두엄 같은 버거웠던 생의 편린

메스껍다. 비릿한 살점 하나
생의 허를 찌르듯 목구멍을 찔러
남김없이 토하고 나서 실눈을 뜬다

혼자였던 시간 속으로
생의 지팡이였던 남자가 들어왔고
흰죽, 사과 요구르트 식단을 꾸려 왔다
희고 파란 알약을 여러 번 털어 넣고 바닥은
더 이상 흔들리지 않았다

뜨거운 불길이 스친 자리
그을린 자국이 남아있다

고등어

횡단보도 건너
보도블록 삐져나온 골목길 들어서면
가게 앞 질퍽한 종로상회
기다렸다는 듯 쥔댁 잇속 환하고
얼룩진 앞치마 주머니가 불룩하다
신생아실 들여다보듯
칸막이 냉동실, 거기
먼 바다가 누워있다
얼마나 기었는지 뱃가죽이 헐은 바다
몸집 큰놈 넘보는데, 자꾸
허연 배, 엎었다 젖히며
등 푸른 놈 최고라 나를 어른다
눈길 잠시 떼는 순간
덥석 목 후려치는 손, 도마에
바다 내장이 흥건하다 풍선하나 탱탱해지고
흑장미 한 송이 손끝에 피었다 진다
검정비닐 속에 담겨진 토막 바다
파 마늘 풋고추 통깨
조물조물 버무려 켜켜이 옷 입혔다
조요롭던 파도 자글자글 끓고
맛난 기쁨 가만히 졸아든다

영호엄마

한겨울 영호네 가면
담북장 뜨는 내가 코를 찔렀다
앞니 두 개가 빠져, 겉늙어 뵈던 영호엄마
동네 밭에서 무청을 거둬들여
담장에 꼬득꼬득 내널던 무청시래기

푹 삶은 시래기 한줌 넣고 끓인 담북장
언제고 불러 먹이던 영호 엄마

영호야 담 넘어 부르면
영호엄마가 얼른 뛰어나왔다

세월이 할퀴고 간 무게에
자꾸 삭아내리는 처마 끝
몇 해 전, 영호 엄마가 죽고
두 父子가 사는 집안이 먼지투성이다

그 옛날 감 따던 사다리는 뒤곁에서 삭아가고
바깥으로 내몰린 냉장고엔 쥐들이 살림을 차렸다

가을볕에 고추를 말리던 멍석도
돌돌 할 말을 가슴속에 말아 둔 채
켜켜이 쌓인 먼지 속에 누웠다

종일 고요한 집
누렇게 뜬 시래기 한 줄
벽에 걸려있다

무릎 밑에 쌓인 돈

치렁한 머리 뒤로 질끈 묶으면
치켜 올라간 눈 꼬리 까정
빼다 박은 삼순이 얼굴 반반하고
형제 암만 많으면 뭣에 쓰나
지 홀로 양쪽 부모 다 떠맡고
본 나이 보다 한참 지쳐 보이던 선아
절망 앞에 서 있던 친정어머니
암 투병 끝내고 천국 가던 날
립스틱 지우고 문상을 갔네
뉘 집 상가든 컴컴한 것 일색인데, 얼라리
선화 얼굴에 보름달 떴네
곪을 만큼 곪아야 끝나는 병, 고통 중
병줄 놓은 어머니 생각에
손님 앞에 꿇어앉아 죄인임을 자백하고
문상객들 무릎 밑에 부의금 밀어 넣네
딴 놈 한 푼 주지 말고 어여 챙겨 넣으라고
옆구리 쿡, 눈 찡긋 하네
쏟아지는 돈 봉투에
덩달아 펄럭이는 아랫동네
그래 내 뭐라캤노 곁에서
미음 한번 떠먹인 놈이 장땡이랬제

자식 암만 많으면 뭣에 쓰나
눈 씻고 찾아봐도 효자 없는 세상
부모 가신 뒤 무릎 밑에
쌓인 돈 세어보면 알겠네

떠오르다

가지밭

언덕 가득 쏟아지는 매미소리에
후끈 달아오른 밭고랑
명아주, 강아지풀, 쇠비름이 키를 잰다

여름 한낮
이랑에 내려앉은
하늘에 첨벙 몸 던지면

빗살 젖꼭지 물고 주렁주렁 열린 가지

반들한 자주살빛에 구름 머물면
튼실하게 뻗어가는 가지밭

가지 하나 따서 쓱 문질러 먹으면
달큰한 속살에 혀가 아리다

떠오르다

빨래를 개다말고
건너온 날들을 돌아본다
산다는 건 이렇게
넘어졌던 기억 널어 말리며
상처를 보듬는 일
버둥대며 다시
일어서는 일이었구나
씨줄 날줄로 얽힌
팽팽한 생의 틈바구니에서
제 발에 걸려 나동그라지던 일
처진 어깨 우뚝 세워
펄럭이고 싶었던 날들

개켜놓은 속옷 뒤적거려
새 옷으로 갈아입다, 문득

장날 풍경

냇물 소리 잠든 복개천가
단위 농협 주차장 공터엔
닷새마다 맘 놓고 장이 선다
시가지 보도블록 위에
땟국 절은 보따리 펼쳐놓으면
득달같이 달려오는 호루라기 소리
불안한 생의 안쪽으로 쫓겨 가던 날들
장날만큼은 언 손 녹여주는
농협 인심에, 누가 먼저랄 것 없이
빈대떡 냄새 시장 가득 풀어놓으면
닫혔던 가슴 환하게 봉다리 늘어놓고 장이 선다
며느리 몰래 퍼 온 고추장
매운 맛 끝내준다며 연신 손 잡아끄는 할머니
대충 잘라온 촌두부
양념장 꾹 찍어 막걸리 한 사발 들이키고
백수 아저씨 모처럼
거나해진 얼굴에 언 땅 후끈 달아오른다

귤 한 무더기 이천 원, 귀를 째는 확성기
냉이, 무말랭이, 양파
손대중으로 담아 낸 삶의 무게들
햇살 끝에 놓인 꼬맹이 운동화
봄이면 달려 갈 푸른 운동장을 기억하고
장터에서 얼었다 녹는다
구릿빛 얼굴에 피어난 꽃
파장 무렵
불룩 아이 하나씩 배 간다

들기름과 참기름 사이

푸른 됫병 속
들기름과 참기름
부뚜막 모퉁이에 등 돌리고 서있다

열 식구 시래기만 무쳐도
훔쳐간 듯 줄어들던 참기름

건달 막내아들 안타까워
몰래 참기름만 챙기던 시어머니

눈치껏 넣어도
아까운 기름 들이부었냐
눈금 그려놓고 확인하던,
고추장 보다 맵던 시집살이

표 나게 줄어든 건 참기름인데
억지 쓰는 시어머니

대꾸 한번 못하던 순한 들기름

보리밭을 불러오다

삭신이 쑤시는 날
겨울 보리밭을 불러내어
작신작신
밟았습니다

당신의 등고선
외발로 지그시 서면
우두둑
관절 풀어지는 소리

견디는 일이 사는 일이라고 그렁그렁
눈물로 깨달습니다

더러 눕고 쓰러져
영원히 잠들고 싶을 때도
가슴으로 넉넉히 안아주시던
벌판
무량한 대지여

당신은 나의 어머니

천안의 아침

美光이란 빌딩 이마가 보일 무렵
낮게 드리운 산자락
삼단 같은 머리 빗어 올리면
낯선 땅에서 뒤척이던 밤도
비칠대며 일어서네
이석우 웨딩, 황진이 한복, 침구, 엽
임대 40평이란 광고 문구도 덩달아
눈을 부비네
병천 순대처럼 차진 빗속을 뚫고
유관순누나 울음으로 뒤덮인 길을 내달으니
까무룩 가라앉은 도시
천안 삼거리에 능수버들은 사라지고
순대국밥 펄펄 끓는 소리에
어맛! 뜨거워라
아침이 깨어나네

칫솔 입에 물고

거울 속 나를 기웃대는 동안
화장대 위 핸드폰 떨림 이랑 사이로
몇 사람 얼굴 떠오르고.

늦은 시간
부재중 전화에 찍혔던 번호도 스쳐가고

떨어져 있다는 건
잠깐도 버틸 수 없는 불안

닫혀진 뚜껑 확 열어 젖혀 보고 싶었다

비껴간 목소리 애태우며
다시 올 울림에 귀 기울이다

울컥, 하얀 가슴 토해 낸다

콩타작 마당

도리깨가 사정없이 내려친다

농익은 감 담장 넘어 와
타작소리에 귀를 세운다

찬찬히 들여다보면
콩콩 뛰는 가슴
뒹굴지 않겠다는 콩의 각오

때 묻은 발로 내딛다 끝내
하늘을 메다꽂는,
어처구니없는 타작마당

몸 낮추지 않으면
준엄하게 흩어지는 우주의 질서

콩타작 마당엔 덤벙대는 사람
꾸짖는 말씀이 서려있다

사소한 것

가령, 한복집엘 갔다가 치마에
실밥이 묻어온다든지
흰 블라우스를 입고 식당엘 갔는데
김칫국물이 튀었다든지
삼겹살 먹으러 갔다가 옷에
냄새가 배어 온다든지
이에 낀 고춧가루를 들킨다든지
상대방이 어깨의 비듬을 털어준다든지
여름 날 흔들리는 전철 안에서 발을 밟히거나
겨드랑이를 보였다든지
길을 걷다가 구정물을 뒤집어쓴다든지

아주 사소한 것에 옹이가 생긴다
사소한 것의 뿌리가 더 깊다

밤송이

건드리지 말아요
어둠 껴안고
숨만 쉬고 있습니다
함부로 짓밟히는
그 날이 와도
내겐
세상 끝날 까지 지켜내야 할
순결이 있어
가시 돋친 자존심만은
건드리지 말아요
그 날을 위해
누구도 가까이 할 수 없는
내 안에 갇혀
아직도
은둔중입니다

척, 척, 척

돛 하나 달고
바람 부는 대로 떠 다녔다

잘난 척, 있는 척,
싫어도 좋은 척, 몰라도 아는 척

미꾸라지처럼 잘도 빠져 다니더니
촘촘한 그물에 딱 걸렸다

척 하다 걸려든
대가리만 큰 망둥어

사과 품평회

다 떨구고 빈 몸으로 서 있는
나무
굴렁쇠 한번
실컷 굴려보지 못하고
새콤달콤한 사탕 한번 사먹지 않고
소 꼴 도맡아 져 나르고
아버지 대신 동생 등록금 걱정하고
지난해 농협에서 빌린 농자금 갚을 생각하는,
철든 형

아버지 이름 석 자처럼
당당한 빛깔
똥값으로 보지 말고
부디 제값으로 쳐주었으면
우레 같은 박수가 터졌으면

달거리

삼백 예순 닷새 날
조금과 만조 때를 따라
녹조근한 팔 다리에 만선으로 실려 오던
붉은 고기떼. 일생
때를 따라 씨앗을 품고
미끼 없이도 몰려오던 지느러미
당겨오던 입맛, 혹은
해일로 길길이 뛰던 파도
기억 벼랑 끝에서
가파르게 닻이 오르면
원초적 숲, 구릉지 지나

막힌 수문이 터진다
비로소 여문 살빛을 본다

잃어버린 장갑

보낸다는 것이
이렇게 쓸쓸한 일인 줄 몰랐습니다
백년쯤 함께 할 것처럼 마주보며
아끼던 그때를 기억합니다
우리 처음 만났을 때

설렘에 가슴 두근거렸고
추우면 추울수록
더 보듬어 안아 따뜻했지요

날선 바람
보도블록 위 사람들
엉거주춤하게 만들던 날도
주저 없이 따라 나서던 그대 맘
아직 기억해 냅니다

재래시장 골목을
휘돌아 나오는 순간

그만
그대를 놓치고 말았습니다
무심 했던 날들 후회합니다

혹여, 자발없이 굴었던 지난날
그것이 내 서툰 사랑이었음을
그대 아십니까?

황급히 돌아와 식탁에도 앉아보고
책상 앞에도 앉아 보지만

그대는 갔습니다
냉장고를 열어보고 속절없이 슬리퍼도 찍찍 끌어보지만
그대 어디에도 없습니다
멀뚱히 천정만 바라봅니다

마주 할 때
숨소리 가장 가까이서 들을 수 있는것
뒤늦게 깨닫습니다

이제, 어금니 꽉 물고 있던 겨울도 서서히
그 오기를 풀기 시작했습니다

좀체 내어줄 기미를 보이지 않던
텃밭에 씨감자를 파종해도 좋다는 전갈이 왔습니다

말갛게 언 땅 밑으로 흐르는 물소리 유난하고
공터에 매 놓은 엄마소
입가에 흘러내린 거품 속에
동그란 무지개 피는 걸 보니 진정 봄이 오나봅니다

새싹, 개나리 같은 주둥이 내밀고
녹지근한 봄을 지나
눈에 풋사과 즙 고이는 7월이 오면
그대 기별조차 막막하겠지요
가끔 두고 간 반쪽 가슴 못 견디게 시리면
그대 안부로 느끼겠습니다

남들은 꽃피는 봄이 좋다지만
나는 그저
하얀 눈꽃 필 다시 올 겨울을 기다립니다

착각

빌딩을 몇 채 가지고 있는
모 한의원 원장님은 인품 또한 출중해
동네 환자에게 인기가 많다
환자가 오면 침대에 눕혀 놓고
이마를 짚어보고, 배를 쓸어보고
손목을 잡고 진맥을 한다
줄을 서는 단골 환자 중
하루도 안 빠지는 여인이 있었다
찾아 올 때마다
그 나긋한 목소리에 그만 넋을 잃고,
괜스레 얼굴이 붉어지고
다른 증상도 없는데
손에선 진땀이 나고
가슴이 뛰었다

어느 날, 다른 환자가 진찰 받는 걸 훔쳐보았다
똑 같은 표정과 말투에 여자는 그만 정신이 들었다
무장무장 피어나다 소리없이 질 꽃
생의 반란을 꿈꾸며 허물어지고 싶었던
그 여인, 다시는
한의원에 오지 않았다

대신 죽은 여자

새벽을 달리던 트레일러까지
한입에 삼켜버린 안개, 뱃속을 여는 순간

울긋불긋 겉치장한
관광버스 속살마저 왕창 녹아
질벅거리는 길

앙상한 트럭 사이로 김
모락모락 피어나고
인삼, 대추, 밤,
먼저 차지하려다
밤톨처럼 튕겨져 나온 이름 하나

주소 확인 되지 않은
성질 급한 방송국 뉴스
추석 사나흘 앞둔 개천절 아침
서해 대교 위 그 아비규환 속에서
同名異人 여자 하나가 죽었다

이튿날 새벽
살았는가 목소리 확인하는 전화 몇 통 받았다
이름도 같고 나이도 엇비슷해

목이 메었다
제 콧물 닦기도 바쁜 세상
고울 것도 없는 자에게
새벽을 뚫고 안부를 묻는 이 누구인가

우려먹고 건져 낸
오리 뼈다귀 같은 생
소반 채 버려도 아까울 것 없는
죽어 마땅한 사람 살려두고
대신 죽은 여자
자꾸 목이 메었다

지푸라기

공설 운동장 스무 바퀴 돈 뒤

잠시 앉았다 온 곳에서

지푸라기 하나 묻어왔다

그도,

기댈 곳이 필요했던가

떼어 낼수록 달라붙는

까실한 뒤 끝이 아리다

빈 독

채울수록 허기졌다
모든 것은 내 것이 아니었다
차면 넘치고
넘치면 흘러야 했다

하늘을 가두고 산을 품고
바람을 발끝까지 채워도
모든 건
잠시 머물러 줄 뿐

영원한 건 아무것도 없었다

크고 넓을수록
허방이었다

텅텅 소리 나도록 비웠더니
비로소 내가 보였다

가득함은 내가 아닌 타인
온전히 비웠을 때 다 이루었다

절대 고독

밥줄

밥줄 잡기 힘든 세상
지금껏 용하게 버티고 있다
혼자 애쓰는 게 안쓰러워
시작한 직장 생활 땀 흘려서
아이들 학비 대고 용돈 조달했다
밥벌이한다고 생색낸 적도 없는데
갑자기 병이나 한 달 출근 못하니
은근히 조바심 내는 남편
그러던 어느 날 꿈을 꾸었다
나는 선생님 남편은 학생
내 손엔 긴 막대기 한 개가 들려져 있고
칠판을 탁탁 치며 호통을 친다
그려, 나도 이제 신물난다고
줄 잘 서서 밥 잘 타오는 일이
힘든 일인 줄도 모르고
군기나 잡으려 드는 그가 미워
바락바락 소리 쳤다
생선 국물처럼 졸아붙는 그의 심장
꿈 인줄 알았으면 더 크게 소리치는 건데.
아예 사표까지 내던지는 건데

마지막 기도

당신 앞에 무릎 꿇고 기도합니다.
아직도 넘어야 할 산이 많은데
손 내밀어 붙들어 주시고
넘어질 때 일으켜 주소서
어느새, 노을이 발목을 적십니다
이 노을 걷히면 당신에게 가리니
메마른 나에게 단비로 오시고
사소한 것에 마음 다치지 않게 하시며
꿈을 펼쳐, 남을 위해 살게 하소서
거센 파도 앞에 믿음으로 서게 하시며
꽃 피우기 위해 겨울을 견디게 하소서
주여!
수만 가지 죄 가슴에 묻지만
당신은 아시나이다. 보혈로 씻어
정한 마음을 주소서
썩어질 육신을 위해 울지 말고
영혼을 위해 울게 하소서
남은 기력 주님의 영광을 위해
쓰게 하시고 이것이
마지막 기도가 되게 하소서

유년의 노래

끝엣 동생 낳은 지 일곱 달 만에 가신 아버지
젖이 말라붙어 암죽을 먹고 자랐다

그때 막내 모가지같이 생긴
키만 멀쑥한 미나리를 넉 단을 사왔다

말이 넉 단이지 방금 건져 올린 듯한
푸들푸들한 미나리. 싸잡아 봐야 한주먹거리

날은 저물고 찬 땅에 앉아 떨이를 외치는 할머니의 목소리가
바람에 갈라졌다. 십수 년 전 돌아가신 우리 할머니
뚜벅뚜벅 참견하러 오시고
내 유년에 듣던 할머니 기침 소리
겨울바람처럼 복장 쓰린데

사흘에 피죽 한 그릇도 못 먹고 자란 막둥이도
어슬렁거리며 온다. 할머니는 특히
미나리를 듬뿍 넣고 구운 빈대떡을 좋아하셨다

숭덩숭덩 썰어 넣고 맛나게 기름질 해서 구워내도
우리 것은 없었다. 할머니 호령이 무서워
아예 먼 빛으로 냄새만 맡았다

머잖아 녹두 빛 오월이 오면
두 눈에 미나리물 뚝뚝 지도록, 미나리꽝 하나 전세 내어
푸달지게 한번 벌려야지. 그 잔치

할머니 앞에서 못 다 부른 유년의 노래
담뱃대 휘둘러도 무섭지 않은 내 노래 목청껏 불러야지

詩神에게

오늘도
말씀 삼가는 당신 품에
무너지고 싶습니다

휘어지지 않게 그렸지만
굴절된 삶은 언제나
돌밭에 넘어진 아가의
정강이입니다

아플지라도
불의와 타협하지 않게 하시고

조아려
위로의 음성 듣게 하시며
우러를 수 없는 슬픔까지도
비워낼 수 있는
지혜를 허락하소서

출렁이지 않는 가슴을 향해
울게 하시고
드러내지 않고
골짜기로 만 흐르는
순한 물길을 따르게 하소서

바위 같은 아집도
모래알로 부서지는 용기를 주옵시고
어제가 오늘이듯
흔들리지 않는 당신의
마음자리

등성이 너머, 느긋이
푸른 내일을 피워내는
당신의 하늘을
품게 하소서

별을 향하여

젖은 기억이 내게로 왔다
순간, 마른 나무처럼 잠깐 흔들렸고
떠난 별은 다시 떠오른다는
생각을 했다

비, 바람, 구름에 새겨진 주름살
스스로를 번뇌에 가두고
옥살이 시키던 그 순간들은
영화로운 추억이 되었을 뿐
심해저(深海底) 어디쯤
캄캄히 차고 오르던
아침의 태양처럼

그렇게 일어서야 한다
초저녁 먼 곳에서 빛나는
애기 눈곱 같은 별
경계 없이 빛나, 그 빛
환하지 않아도 좋은
연약하여 더 오래 빛나던 별

그 모습 닮고 싶어 자작나무 아래서
별을 헤아린다. 힘없이 스러진 활자에
살과 뼈를 입혀 세우고
유하게 넘어가지 않던 생의 페이지
마음 다해 넘겨보는 것이다
오뚝 세워 보는 것이다

다시 빛나는 별을 향하여

유배지에서 보내는 편지

순아!
여름내 줄기차게 담장을 기어오르던 호박넝쿨도
서서히 물기를 거두고 있겠구나 세상사 질펀한 날 있으면
꾸덕꾸덕 말라 돌아올 수 없는 길 가야하는 날
기다리고 있을 줄이야

허름한 뒷간 지붕 애달프게 피던 박꽃은 어찌 되었는지
오늘따라 사흘 굶은 여인 박꽃이 눈에 밟히는구나
잘록한 허리에 질끈 무명치마 동여매고
핏기 없는 얼굴로 홀로 생을 꾸려가던 미망인

남편 따라 나설 수 없었던 길 서러워 할 사이도 없이
발뒤꿈치 터지도록 종종대던 삶

순아!
이곳도 불타던 여름은 가고 구릿빛 이마가 튼실한
그늘이 성큼 내려왔다 이따금
창틈을 비집고 들어오는 한줄기 빛은 어디선가 날
눈부시게 하던 그 빛이다

신의 운행은 여전한데 내겐 모든 게 멈췄다
돌아가야 할 산천이 있건만 온전히 갇힌 나는
한 마리 날개 부러진 새
건널 수 없는 강 건너 밤이면 불빛 홀로
어둠을 짖는 개 한 마리 가끔 컹컹댈 뿐이다

빛이란 빛 죄다 침상에 들면 흔들리지 않는 어둠은
나를 껴안고 싸늘한 밤 귀뚜라미만 목 놓아 운다
찾는 이 없는 쪽박 우물은 밤이면 더 깊어지고
목덜미 흰 달만 야심한 밤을 즐긴다

순아!
그 곳 한낮엔 메뚜기 흐득흐득 날고
누더기 진 무명자루 둘러메고
아직도 메뚜기 잡으러 나서느냐
보드란 팔뚝 볏잎에 베이면 자지러지게 울던 기억
생 깻잎 따서 도시락 찬 해달라고 올케에게 내밀면
에고 우리 시누 어느새 살림꾼이네
꾼이라는 말을 나는 그때 최초로 배웠다

지금껏 나는 꾼 되기 위해 용을 썼지만
꾼은 커녕 바람 무늬도 갖지 못한 채
네 안부에만 촉각을 세운다

푸른 깻잎 사이사이
파 마늘 고춧가루 깨소금
우리들 꿈처럼 달큼한 슈가도 넣고
밤새 재워놓았다 햅쌀밥 지어 도시락 싸주면
한나절도 못 견디고 자꾸 열어보던
꿈을 먹듯 도시락 까먹으면 하늘은 온통 강처럼 푸르렀지
그 강물에 발 담그면 빨간 고추잠자리 몰래
무릎에 와 앉고

순아!
누가 목마른 기쁨 전하러 왔는지 창이 덜컹거려
언제쯤 배가 올까 물먹은 어둠만 출렁이는 강 가로질러
배 한척 다가오면 구원 같은 기별 있을까
단발머리 흩날리며 누런 들판을 함께 내달던 순아
네 말이 옳았음을 이제야 알겠다 욕심을 버리라는 말
그 욕심이 나를 유배시켰어 "욕심은 죄를 죄는 사망을 낳는다"는
깨우침은 꼭 일을 그르친 담에 달려오는지

하지만 난 알아 새 살 돋기 위해선 아픔을
얼마큼 더 견뎌야 하는지
돌아갈 수 없는 여기
쓸쓸히 노을처럼 진다해도 결코
후회하지 않을 게

순아!
눈썹달이 지고 있다

깔딱고개

이승과 저승 거리가
숨 깜빡 할 사이라고
누구도 쉽게 오르려 않는 깔딱고개
오지게 맘먹고 오르기 시작한다
넘어보지도 않은 사람들이
산 너머 산이 있느니
넘어가면 다시 돌아올 수 없다느니
지레 겁을 준다 오를 수 있다는
찰떡같은 믿음으로
그 고개를 넘었다

죽지 않았다 마음 질끈 동여매니
답이 나왔다

초원

그곳을 우리는 영원한 꿈길이라 부르고 싶다
또 하나 지상의 하늘
눈물처럼 찰랑이는 잔디위로 빗살로 꽂혀오는
먼 그날의 그리움
어디선가 숨 가쁘게 달려 올
영원속의 그대 부둥켜안고
절망 같은 환희 속으로 까무룩 가라앉고 싶은 곳 그 어떤 간섭도 없는
가없는 공간을 날아날아 두 팔 벌려 우주를 품고 싶다
우리들의 낙원 그 물결위로
햇살로 부서져 가슴깊이 열망하던 그 세계
잃어버린 젊은 날과 해후 꼭 한번 있을 것 같은 그곳
파르라니 그리움만 반짝이는 곳 끝내 할 수 없었던 그 말
낱낱이 들키어도 좋으리 평화만 있을 뿐 한숨이 없는 곳
닫힌 창 환히 열려 어떤 어둠도 두렵지 않고
모든 것 다시 시작되는
홀로 넉넉하여 눈물겨운 곳
절대자의 품에 안겨
푸른 열쇠 하나
힘차게 넘겨받을 수 있는 그 곳
나의 초원이여

절대 고독

영원한 절벽은 없다
지난 추억 제단에 바쳐지고
내가 꿈꾸던 것들 모두
허공에 발을 묻었다

슬픔마저 단단하다
견딤의 날은 길었고
지나던 바람도 얼씬 못했다

그러나 나는 아이처럼 기쁘고 천년을 살아
다시 웃는다 마지막 중심까지 타들던
막차 떠나는 플랫 홈에서
기적 소리에 깨어난
불면의 시간들아
푸르러 더욱 그립던 것들아

달려갈 수 없는 그 길에 우리
죽어간 시간을 목 놓아 울며
아껴 기억하고 싶은 저
투명했던 햇살

떠나고 돌아오는 간이역에
별빛 흐득흐득 지면 다시
눈밭에 뒹굴 언 발의 사슴아!

온전한 죽음

– 수술대 위에서

삶과 죽음 사이는
얼마나 먼 것일까

파랗게 질린 심장 속으로
확인처럼 들려오는
저승사자 음성

모두
놓아 버린다는 건
또 얼마나 아찔한 일인가

타인의 기억 속으로 만
얼룩진 생이 잘려 나가는 소리
새살 심는 소리

잠시
일상을 끊고 내린
뜨거운 용단
한 번도 날 수 없던 눈부신 세상

온전한 죽음에 이르고서야
비로소 문이 열리고

퍼득이다가
환하게 날아오를 수 있는 날개가

상처 속에서 만
돋는다는 사실도

온전한
온전한
죽음에 이르고서야

유월의 노래

단 한번 조국을 위해
울어보지 않은 사람이
어찌 님들에 대한 이야기를
할 수 있겠습니까?

티끌만한 나라사랑도
실천 못해본 사람이
이 한날 하늘 우러러
어찌 국기에 대한 맹세를
할 수 있겠습니까?

님들의 고귀한 정신 피 흘림이
조국의 오늘을 지킵니다
기막힌 살점하나 붉은 땀방울
조국 강산 지켜 내려
이 땅 위에 흩뿌리고
님들은 그렇게 먼길 가시었습니다

생명을 부숴 바쳐진 조국의땅
오늘 우리가 눈물 없이
피 흘림도 없이
님들이 지켜낸 땅을

감히 밟고 갑니다
감히 내조국이라 부릅니다

님들이시어!
우리로 하여금 다툼 없게 하시고
그때로 부터 지금까지
염원해 온 평화를
이젠 더 이상 지체하지 마시고
이 땅위에 하루속히
실현되게 하소서

님들이시어 !
몸바쳐 지켜낸
이 조국 이 강산을
우리로 하여금 잘 가꾸게 하시고
다시는 님들을 욕되지 않게 하소서
이 한 날 만이라도

님들의 조국사랑 깨우치면서
삼가 먼저 가신 님들 위해
떨리는 두 손 모아 간절한
기도를 올리옵니다
님들이여 고이 잠드소서

밥을 줍는 노인

소주병 나뒹구는
셔터 내려진 동아 슈퍼 모퉁이

취객이 갈긴 오줌에 젖은 상자
패트병 라면박스 먹다 버린 캔 콜라병

어둠 속에 웅크린 노인
폐품을 줍는다

까칠한 손바닥으로
박스를 접어
차곡차곡 리어카에 싣는다

첫새벽
누가 주워갈까 잠을 설친 노인
몇 푼 어치의 밥이 실린
리어카를 끌고
밭은 기침소리
컴컴한 골목으로 뒤뚱뒤뚱 사라진다

계란 프라이를 하면서

껍질에 쌓여 있는 유정란
흔들어대도
미동 없이 오롯한 그대의 중심
한복판에서 노랗게 빛날
그대 가슴

생명을 품었지만
스스로 자라 날 수 없는 운명
깨뜨려지지 않고는
곯아 썩어질 수밖에 없는 몸

뜨거운 바닥에
질리도록 하얗게 몸을 깔고
황금빛 가슴을 얹은 채
온전하게 지켜내고픈
그대 동그란 가슴

진공처럼 답답했을
가없는 기다림 끝에서
끈적하게 몸을 쏟아 노릇노릇 익어가며
생의 환희를 꿈꾸는
그대 가슴이여

놋대야

검버섯처럼 꽃이 핀 얼굴
힘주어 닦아도
더 이상 지워지지 않아
진하게 박힌 상흔
시커먼 녹이었더이까

시뻘겋게 불어오던 열풍을
온몸으로 안고 사르실 때는
황금빛으로 빛나셨더니

더러워진 손발
당신 속에 담궈 씻으면
그 품에서 빛나던 얼굴
그렇게 좋았더이까

그러나 이제사 알겠더이다
내 얼굴이 빛나면 빛날수록
당신 얼굴은 찌들어 갔다는 것을
온몸 구석구석에 쌓인 시커먼 녹이
내가 떨궈 놓은 때라는 것을

귓가를 지나던 바람소리가
깊은 신음 같이 들려와
다시 얼굴을 담그고 울고 싶은
밤처럼 깊은 당신 속

어느새
내 머리에도 서리 내리고
시커먼 녹 닦아 드릴날
길지 않아 조급한데
날마다 부끄러운 얼굴만
또 이렇게
어머니 속에 담급니다

가랑비

발뒤꿈치 들고 걷다가
젖은 발
풀밭에 잠시 내려놓고
바짓단에
가랑가랑 달라붙는 울음
툭툭 털다가
말없이 다가서며
손짓으로 사무치다가
터질 듯 한 가슴 우럭우럭
유리창에
해독할 수 없는 문장 흘려 쓰고
돌아서는 이 누구인가

먼 산

초록 숨가쁘게 흐르고

매미소리 자지러지면

하얀 이 환하게 드러내며 비밀한 나의 창가로

그대여 성큼 들어서는가

탄금대

들리는가 가슴 뜯던

우륵의 가야금 소리

팔천여 기騎를 이끌고

열두 번 더 거슬러 오른

하늘아래

사수하듯 막아선

절벽아래

꽃잎처럼 흩날리던

그 날의 붉은 피

아 !

강바람 눕는 물살속으로 사라졌는가

안개

떠나야 했지요
뼈를 묻어야 할 땅
돌려달라고
미칠 듯이 기어오르다
통곡으로 떠도는
바람소리

돌아오며
떠나며

이젠 아슴한
기억으로 풀어지는
수몰지구

벽

가파르다고 왜
가슴이 없겠는가

때론
창공을 훨훨 날아
명주고름 같은 하늘 끝
슬쩍 건들고도 싶고
바닷가에서
펄떡이는 파도의 심장을 만지고도 싶어

마른 가슴이라고 왜
눈물이 없겠는가

눈 시린 오월 숲에, 슬몃
발 담그고 있으면
불쑥 찾아 올 그대 품에 안고
가슴 젖도록 바라보고 싶어

산다는 건 결코 무너질 수 없는 일
오래오래 견디는 일이겠거니
털썩 주저앉고 싶어도 허투루
무너뜨릴 수 없는 약속
목숨보다 붉은 이 자리

푸른 깃발만 안으로 안으로
펄럭이느니

색소폰 소리

곱게 세팅한 원탁으로 축하객 하나 둘 모여 앉고
베레모 삐딱하게 눌러 쓴 주인공
벗겨진 이마엔 땀이 번들거린다
색소폰 손에 쥔 사내
단단히 잠긴 단추 한 개 풀고 나서야
깊은 울음 뽑아내기 시작했다
시 짓는 일은 화분에 마음을 뿌려
잎을 피워내는 일이라고
입버릇처럼 말하던 시인의 출판기념회
따끈한 시집을 열자 물 오른 나무들이 입을 연다
지금 색소폰도 입을 열어 제 말을 하고 있다
늘어진 시간 색소폰 소리에 팽팽해지고
어디에서 만진 듯한 저 소리는 대니 보이
양치기 소년이 양 떼를 몰고 출판기념회장으로 걸어나온다
홀짝홀짝 소주잔 같은 눈물이 일고
찬비에 젖은 낙엽처럼 쓸쓸한 이름 하나
흐느끼듯 색소폰이 운다
값싼 센티멘탈리즘, 온몸으로 색소폰 부는 당신
끊어질 듯 이어지는 색소폰에 속아 그만
이순의 시인도 청년처럼 달아오른다

작품해설

억압된 삶, 아름다운 변주

조춘희 시집 『꿈꾸는 콩나물』 해설

마경덕(시인)

억압된 삶, 아름다운 변주

조춘희 시집 『꿈꾸는 콩나물』 해설

마경덕(시인)

몇 해 전 모 시인의 시집 추천글에서 이렇게 말한 적이 있다. "광활한 시인의 시밭詩田을 시집 한 권으로 다 말할 수 없다. 미개척지인, 그녀는 발굴되어야한다. 시추를 통해 詩田의 깊이를 알려야한다. 잡풀이 돋고 돌멩이가 구르는 미지의 땅 아래, 대체 시의 매장량은 얼마인가? 그녀는 잠재된 그녀를 파내야 한다." 조춘희의 시편들을 읽으면서 문득, 그 표4가 떠올랐다. 그녀의 시적 재능은 오랫동안 매장되어 있었다. 이제 조춘희는 첫 삽을 떠올렸다. 그러니까 첫 시집은 詩田을 향한 시추試錐인 셈이다. 첫 시집은 시인의 살아온 시간이 담겨 있기 마련이다. 문학적 재능 외에도 진심어린 시의 목소리에 독자는 가슴이 뜨거워진다. 조춘희의 시집은 한 개인의 역사이기도 하고 어려운 시대를 살아낸 여인들의 흔적이기도 하다. 조춘희가 그려낸 시의 밑그림은 전통서정이다. 시끌벅적한 시골장터와 가난한 이웃과 소박한 촌부가 등장한다. 그 시대의 농경사회를 당찬 입담으로 풀어내는 시편을 따라가 보면 짠지를 누르는 돌덩이처럼 가슴을 누르며 살던 여인들을 만날 수 있다. 여성이라는 굴레에서 억압을 극복하는 길은 무엇일까? '글을 쓰는 것'은 남성중심의 권력에 갇혀있던 존재성을 확인하고 위로받는 하나의 방법이기도 할 것이다. 「만두를 빚으며」라는 작품에서도 무의식에 남아있던 억압된 충동을 표출, 삶과 상관성을 드러낸다. 조춘희는 입을 꼭 다물어야하는 '만두'를 객관적 상관물로 사용하고 있다.

설달그믐이 가까워 오면
동네 떡방앗집 아저씨

언성이 한 옥타브 높아진다
나란히 줄 세워 놓은 쌀 바구니가
아침밥 먹고 나오면 저만치 밀려있다
얌체 같은 사람들로
뒤로 밀리는 떡쌀 바구니
사는 일
할 말 다 못하고 사는 세상
그만 입 다물고 말았다

떡국에 넣을 만두를 빚으며
속이 터질까 꾹꾹 입을 봉했다
사골 국물에 만두 몇 개 띄어
동네방네 어른들께 떡국을 다 퍼 돌리면
큰솥은 바닥이 나고
남는 건 속 터진 만두 국물

입이 터진 만두

속을 줄줄 흘렸다

나도 속 터진 만두처럼 할 말이 많았다
사는 게 다 그런 거라고
터진 입 슬쩍 돌아앉아 살아가니 그렇지
가끔 화끈대는 속 우당탕 찢고 나와
하고 싶은 말 많았다

－「만두를 빚으며」 전문

늘 균형은 한 쪽으로 기울어 있었다. 한발 물러서서 바라보아야 하는 그 선은 쉽게 넘을 수 없는 경계선이었다. 언성을 높이는 사람은 힘을 가진 자이다. 힘은 곧 '남성'과 이어지고' 어른'과도 이어진다. 윗사람은 공경과 동시에 순종해야할 대상이다. 늘 우선순위에 밀려 힘없는 여성은 뒷전이다. 섣달그믐이 가까워지면 떡가루를 빻고 떡을 뽑는 사람들로 장사진을 이룬 방앗간. 언성을 높이는 방앗간집 사내는 손님위에 군림하고 손님은 주인의 눈치를 보며 차례를 기다린다. 떡국을 끓여 동네 어른들께 돌리고 나면 가마솥에 남는 건 속이 터진 만두뿐, 그 만두는 수고한 아낙들 몫이다. 꼭꼭 여미지 않으면 터지고 마는 만두처럼 여인들은 억울한 일을 당해도 수없이 입을 다물고 치미는 가슴을 눌러야 했을 것이다. 어떤 사물을 통해 의미를 전달하는 힘은 시가 가진 매력이다. 터진 만두를 통해 보여주는 억압된 심리는「밥줄」에서도 잘 나타난다.

밥줄 잡기 힘든 세상
지금껏 용하게 버티고 있다
혼자 애쓰는 게 안쓰러워
시작한 직장 생활. 땀 흘려서
아이들 학비 대고 용돈을 조달했다
밥벌이한다고 생색낸 적도 없는데

갑자기 병이나 한 달 출근 못하니
은근히 조바심 내는 남편
그러던 어느 날 꿈을 꾸었다
나는 선생님 남편은 학생
내 손엔 긴 막대기 한 개가 들려져 있고
칠판을 탁탁 치며 호통을 친다
그려, 나도 이제 신물 난다고
줄 잘 서서 밥 잘 타오는 일이
힘든 일인 줄도 모르고
군기나 잡으려 드는 그가 미워
바락바락 소리쳤다
생선 국물처럼 졸아붙는 그의 심장
꿈인 줄 알았으면 더 크게 소리치는 건데,
아예 사표까지 내던지는 건데

– 「밥줄」 전문

어디에서나 서열이 있고 그 서열에 따라 나라와 가정이 통치되고 유지된다. 「밥줄」에서도 화자는 다스림을 받는 자이다. 줄 잘 서서 밥 잘 타오는 일이 힘든 일인 줄도 모르고 군기나 잡으려 드는 남편이 미워 바락바락 소리쳤다고 한다. 하지만 현실이 아닌, 꿈속에서의 일이다. 그렇다면 평상시에는 입 밖에 낼 수 없는 말이 아닌가. 밥줄은 목숨과 다름이 없고 밥줄을 쥔 상대는 권력을 행사할 수 있는 상대이다. 여기서 밥줄을 쥔 사람은 주종관계에 있는 직장의 상사이며 조바심을 내는 가족이다. 화자의 밥줄은 화자의 의지대로 할 수 없는 것이다. 분출되는 욕구와 억누르는 의지가 서로 부딪치며 파장을 일으키지만 조춘희는 자신의 욕구를 다스리는 힘을 가졌다. 그것은 주어진 환경에서 자연스럽게 얻어진 내핍정신이며 부모에게 물려받은 천성일 수도 있겠다. 시인은 밥벌이의 고단함을 「벽에 걸린 블라우스」로 보여주고 있다.

축 처진 모습으로 잠이 들었다
반듯이 걸어 뒀는데
한쪽으로 기울었다

목을 죄는 단추를 풀고
나를 벗어나고 싶었던 적
몇 번이나 있었을까

내 몸을 기억하는
팔꿈치가 튀어나온 블라우스

옷걸이에 걸려
무슨 꿈을 꾸고 있을까

나지막이 코를 고는 블라우스
곤한 잠에 빠졌다

–「벽에 걸린 블라우스」 전문

조춘희는 시적 대상인 '블라우스'를 통해 고단한 하루의 일상을 나타내고 있다. 지친 몸을 벗어둔 블라우스는 몸을 벗어나서도 역시 가파른 벽에 걸려한 쪽 어깨마저 기울었다. 고된 하루의 일과를 마치고 코를 골며 잠에 빠진 화자의 모습을 연상하게 한다. 팔꿈치가 튀어나온 옷, 몸을 고스란히 기억하는 '옷'은 분신과 다름이 없다. 목을 죄는 단추를 풀고 벗어나고 싶었던 것은 정작 '옷'이 아닌 몸이었을 것이다. 시인은 목을 조이는 현실에서 탈출하고픈 심정을 몸을 벗어날 수 없는 '옷'을 통해 토로하고 있다. 「벽에 걸린 블라우스」는 직장이라는 벽에 갇혀 벽을 붙잡고 살아가는 현대인의 일상일 것이다. 시인이 추구하는 삶의 모습과는 거리가 있는 현실에서 오는 갈등은 「들기름과 참기름 사이」에서도 잘 나타나 있다.

푸른 됫병 속
들기름과 참기름
부뚜막 모퉁이에 등 돌리고 서있다

열 식구 시래기만 무쳐도
훔쳐간 듯 줄어줄던 참기름

건달 막내아들 안타까워
몰래 참기름만 챙기던 시어머니

눈치껏 넣어도
아까운 기름 들이부었냐
눈금 그려놓고 확인하던,
고추장 보다 맵던 시집살이

표 나게 줄어든 건 참기름인데
억지 쓰는 시어머니

대꾸 한번 못하던 순한 들기름
–「들기름과 참기름 사이」 전문

'들깨' 와 '참깨' 의 차이는 시어머니와 며느리의 간격이다. 고부간의 갈등을 보여주는 「들기름과 참기름 사이」에서도 갈등의 구조가 깔려있다. 같은 기름이지만 맛이 다르고 질이 다르다. 자신을 낮춰 스스로 '들기름' 이라고 말하는 것은 힘을 가진 시어머니(참기름)와 종속관계임을 인정하는 것이다. 참기름이 표 나게 줄어드는 건 화자의 탓이 아닌데도 책임을 져야할 시어머니는 만만한 며느리에게 책임을 떠넘긴다. 사이가 좋을 리 없다. '사이' 라는 말은 '틈' 이라는 말과 같이 읽힌다. 가족으로 맺어졌지만 여전히 멀고도 가까운 사이, 주종관계인 두 여인의 틈이 아닌가. 「유년의 노래」에서도 이와 비슷한 심리구조로 짜여있다.

끝엣 동생 낳은 지 일곱 달 만에 가신 아버지

젖이 말라붙어 암죽을 먹고 자랐다

그때 막내 모가지같이 생긴
키만 멀쑥한 미나리를 넉 단을 사왔다

말이 넉 단이지 방금 건져 올린 듯한
푸들푸들한 미나리. 싸잡아봐야 한 주먹거리

날은 저물고 찬 땅에 앉아 떨이를 외치는 할머니의 목
소리가
바람에 갈라졌다. 십수 년 전 돌아가신 우리 할머니
뚜벅뚜벅 참견하러 오시고
내 유년에 듣던 할머니 기침 소리
겨울바람처럼 복장 쓰린데

사흘에 피죽 한 그릇도 못 먹고 자란 막둥이도
어슬렁거리며 온다. 할머니는 특히
미나리를 듬뿍 넣고 구운 빈대떡을 좋아하셨다

숭덩숭덩 썰어 넣고 맛나게 기름질 해서 구워내도
우리 것은 없었다. 할머니 호령이 무서워
아예 먼 빛으로 냄새만 맡았다

머잖아 녹두 빛 오월이 오면
두 눈에 미나리물 뚝뚝 지도록, 미나리꽝 하나 전세 내
어
푸달지게 한번 벌려야지. 그 잔치

할머니 앞에서 못 다 부른 유년의 노래
담뱃대 휘둘러도 무섭지 않은 내 노래 목청껏 불러야
지

–「유년의 노래」 전문

아버지의 얼굴도 모르고 자란 아이는 시인의 막내 동생이다. 사흘에 피죽 한 그릇도 못 먹었다니 그 시대의 농촌 생활이 얼마나 비참했는지 알 수 있다. 담뱃대를 휘두르는 할머니는 그 집의 어른이고 '담뱃대' 인 긴 장죽은 '힘' 을 상징한

다. 불호령과 함께 떨어지는 긴 장죽은 매와 다름없었다. 화자가 그렇게 먹고 싶었던 것은 값비싼 음식이 아닌 흔한 미나리전이다. 시골에서 흔히 볼 수 있었던 미나리꽝, 봄이면 지천이던 그 미나리조차 맘대로 먹을 수 없었던 기억은 좌판에 앉은 노인만 보아도 되살아난다. 기침을 하면서도 담배를 태워야했던 할머니의 상처와 어릴 적의 허기가 뒤섞인「유년의 노래」는 가난에 밀려 사랑받지 못한 정신적인 허기도 보여준다. 예민한 감성을 가진 시인은 사소한 것에서도 상처를 받고 그 분을 스스로 삭혀야했다.

> 캄캄한 항아리에 갇혀 살다
> 도마 위에 드러난 속살
> 몇 개 꼭지 떼고 짓이겨 봐도
> 들큰한 물만 내 비칠 뿐
> 독기 어린 눈이 고요해졌다
> 하찮은 일에도 예민했고
> 상처받기 일쑤
> 눈물 마를 날 없었다
> 휘장처럼 둘러진 항아리 속 어둠에
> 눈, 코, 입 틀어막고
> 펄펄 뛰던 성깔
> 돌덩이 하나 가슴에 얹어 지그시
> 분 삭혀낸 고추
> 꽃그늘 속
> 삐꾸기 환하게 울었다
> –「삭힌 고추」 전문

삭히지 않으면 견딜 수 없는 나날도, 돌덩이 하나 누르니 고요해졌다. 이제 짜디짠 슬픔에 길들여지고 눈물에 길들여졌다. "채울수록 허기졌다/모든 것은 내 것이 아니었다/차면 넘치고/넘치면 흘러야 했다//하늘을 가두고 산을 품고/ 바람을 발끝까지 채워도/모든 건/잠시 머물러 줄 뿐/영원한 건 아무것도 없었다//크고 넓을수록/허방이었다//텅텅 소리 나도록 비웠더니/비로소 내가 보였다"「빈 독」에서도 온전히 비웠을 때 다 이루었다고 했다. 매운 고추도 소금물에 독기를 빼고 순해지듯 상처도 묵으니 서서히 통증이 가시었다. 한때의 고통이 즐거움이 되기도 하고 한때의 쾌락이 고통이 되기도 하는 것이니 삶은 끝까지 가봐야 아는 것, 예기치 못한 병을 만나 다시 살아난 시인은 살아온 날들을 찬찬히 돌아본다. 「깔딱고개」「온전한 죽음」「배설」「몸살」「대신 죽은 여자」에서는 죽음이라는 화두로 인생을 심도 있게 다루고 있다.

이승과 저승 거리가
숨 깜빡 할 사이라고
누구도 쉽게 오르려 않는 깔딱고개
오지게 맘먹고 오르기 시작한다
넘어보지도 않은 사람들이
산 너머 산이 있느니
넘어가면 다시 돌아올 수 없다느니
지레 겁을 준다. 오를 수 있다는
찰떡같은 믿음으로
그 고개를 넘었다

죽지 않았다. 마음 질끈 동여매니
답이 나왔다

–「깔딱고개」 전문

'깔딱고개'는 숨이 차오르는 비탈진 고개를 이르지만 "깔딱"이라는 말에 그만 숨이 '깔딱' 넘어가는 위급한 상황이 그려진다. '깔딱'은 목숨이 달린 아슬아슬한 말이다. 그 깔딱 고개를 넘어야 했던 화자는 마음 질끈 동여매고 믿음으로 그 고개를 넘었다. 의지하고 믿는다는 것은 얼마나 큰 위로인가. 의지가 돋보이고 생의 진국이 우러나는 시편들은 감성이입(emqathy)을 불러일으킨다. 어떤 기교보다도 진솔한 시편들은 그녀가 가진 큰 힘이다.

무의식을 넘나들며 떨고 있는
생의 부력 같은 이파리
둘러봐도 허허 벌판, 아무도 없다
치솟는 38도 열기에 목만 타들어 갈 뿐
익숙한 바닥에도 몸은 휘청거린다

내 몸 어디에 이런 불길이 있었을까
몸은 냄비처럼 끓어 넘치고
썩은 두엄 같은 버거웠던 생의 편린

메스껍다. 비릿한 살점 하나
생의 허를 찌르듯 목구멍을 찔러
남김없이 토하고 나서 실눈을 뜬다

혼자였던 시간 속으로
생의 지팡이였던 남자가 들어왔고
흰죽, 사과 요구르트 식단을 꾸려 왔다
희고 파란 알약을 여러 번 털어 넣고 바닥은
더 이상 흔들리지 않았다

뜨거운 불길이 스친 자리
그을린 자국이 남아있다

－「몸살」 전문

죽음은 혼자 가는 길, 둘러봐도 허허 벌판, 아무도 없다. 끊어진 문장은 아무도 읽을 수 없다. 생의 부력 같은 이파리는 무의식을 넘나들며 떨고 있다. 누구도 대신 아파줄 수가 없고 통증은 오로지 자신의 몫이다. 조춘희는 온전한 죽음에 이르고서야 비로소 문이 열리고 상처 속에서만 환하게 날아오를 수 있는 날개가 돋는다는 사실을 깨달았다. 불길이 스친 자리 그을린 자국이 남아있지만 생의 지팡이였던 남자를 딛고 일어선다. 가슴이 뜨거운 시인이다. 끓어 넘치는 열정으로 오뚝이처럼 다시 일어선 그녀는 절망을 이야기하지만 결코 절망하지 않는다. 아직 할 말이 많이 남았기 때문이다. 그의 가슴에 숨은 노래가 얼마나 많은지는 아무도 가늠할 수 없다.

졸졸졸
말이 샌다
도저히 참을 수 없는
저 터진 입들

새처럼 날고 싶어요
변신을 막지마세요
검은 보를 치우세요
겨드랑이에 숨겨진
푸른 날개를 알아요

허방을 딛는 발가락을 보세요
어둠에 부르터진 입으로
전 노래를 부를 거예요
입 안 가득 음표들이 흘러넘친다

왜 빛에 닿을 수 없는 거죠?
??????????????????????
수많은 물음표가 솟는다

콩에서 콩나물로 가는 긴 터널
지금 짧은 한 생이
뜨거운 노래가 되어 어둠을 지나간다

–「꿈꾸는 콩나물」 전문

개천절 아침 서해 대교에서 同名異人 여자가 죽었다고 눈물을 흘리는 그녀, 우려먹은 뼈다귀 같은 생 버려도 아까울 것 없는 죽어 마땅한 사람 살려두고 대신 죽은 여자 때문에 목이 멘다. 입 안 가득 음표들이 흘러넘치는데 얼마나 입을 닫고 살았던가. 이제는 가슴을 열고 입을 열어 노래하리라.

세상에 귀를 기울이며 시를 받아 적는 그녀는 억압된 삶을 아름답게 연주하는 법을 알고 있다. 「꿈꾸는 콩나물」은 그녀의 희망찬 미래이다. 시인은 지금 길고 긴 터널, 뜨거운 노래가 되어 어둠을 지나가는 중이다.

 Jo Chun Hui

다시올시인선 005
꿈꾸는 콩나물

초판인쇄 2010년 11월 9일
초판발행 2010년 11월 15일

지은이 | 조춘희
발행인 | 김영은
펴낸곳 | 다시올
출판등록 | 제 310-2007-00028

우편 | 139-050
주소 | 서울 노원구 월계동 382-55(중앙빌 2동 1호)
전화 | 070-7431-5941
팩스 | (02) 942-5941
메일 | maxim3515@naver.com

ISBN 978-89-94414-08-9 03810

정가 9,000원

*파본은 본사나 구입하신 서점에서 교환해 드립니다.